Para......<u>Ignozio péres</u>......

De..........<u>Iris</u>..........

Oraciones originales de Meryl Doney y Jan Payne
Diseño de Chris Fraser en Page to Page

Copyright © Parragon

Copyright © de la edición española
Parragon Books Ltd 2009
Queen Street House
4 Queen Street
Bath BA1 1HE, RU

Traducción del inglés: Ester Galindo para
Equipo de Edición S.L., Barcelona
Redacción y maquetación: Equipo de Edición S.L., Barcelona

ISBN 978-1-4075-6217-9
Impreso en China/Printed in China

Una oración para cada día

Ilustraciones de
Caroline Jayne Church y Stuart Trotter

Bath · New York · Singapore · Hong Kong · Cologne · Delhi · Melbourne

ÍNDICE

 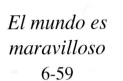
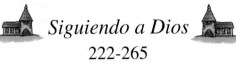 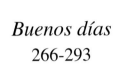
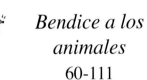

  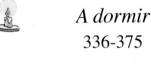
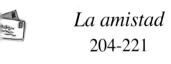
  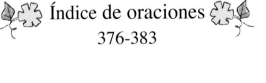

El mundo es maravilloso

Todas las cosas luminosas y bellas,
todas las criaturas grandes
y pequeñas.
Todas las cosas perfectas y
maravillosas, de tu mano, Señor,
nacieron todas.

Cada flor que se abre, cada ave
cantarina, con sus colores brillantes
y sus alas chiquitinas.

Los grandes árboles del bosque,
el prado donde jugamos,
el torrente de agua clara
en el que nos bañamos.

Él nos dio ojos para mirar
y labios para cantar
la grandeza del Señor,
que creó la tierra y el mar.

Cecil Francis Alexander (1823-1895)

La belleza de este árbol,
con todo su esplendor,
me ayuda a comprender
la bondad del Señor.

Dios creó la Tierra y a todos los seres:
los pájaros, las plantas, las flores y los peces.
De ellos llenó el mundo con mimo y cariño
para que fuera el hogar de todos los niños.

Anónimo

 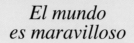

Gracias, Señor, por hacer brotar hojas
y llenar el mundo de cosas maravillosas.

Al principio, Dios observó
todo lo que había creado
y vio que estaba muy bien.
Cuando yo miro el mundo, digo:
«Gracias, Señor, por haberlo
hecho todo tan bien».

Bendice, Señor, nuestras redes
cuando salimos a pescar,
que la mar es profunda y tememos naufragar.

Tradicional

Porque amanece otra vez y comienza la vida.
Porque tengo salud y también comida.
Porque me das refugio y abrigo
y por el amor de mis amigos.
Por todo lo bueno que de ti recibo,
gracias, Señor, yo te bendigo.

Anónimo

Cada mañana,
cuando me levanto,
a nuestro Señor
alegre canto:
«Buenos días».

Al final del día,
en la noche fría,
a nuestro Señor digo
con simpatía:
«Buenas noches».

Oh, Señor,
adoro la hierba
que crece esponjosa
y acaricia mis pies,
mimosa.
Es una alfombra,
en la que me tumbo;
de color verde, como
el bosque profundo.

*P*or las flores que crecen a nuestros pies,
te damos gracias, Padre.
Por la hierba tan fresca y tan verde,
te damos gracias, Padre.
Por el canto del pájaro y de la abeja
el zumbido,
por todo lo que vemos y oímos,
Padre celestial, estamos agradecidos.

Ralph Waldo Emerson (1803-1882)

Cuando los astronautas observan nuestro mundo desde la Luna, lo ven hermoso: azul y verde, con sus nubes blancas. Ayúdanos a mantenerlo limpio y precioso, porque es un lugar muy especial.

Por los millones de estrellas
que brillan en el oscuro universo,
Señor, quiero darte las gracias
con un verso.

Por el aire y el sol, puros y claros,
te damos las gracias, Señor;
por la hierba que crece en los prados,
te damos las gracias, Señor;
por todas las flores hermosas,
por los árboles de copas frondosas,
por las aves de voz melodiosa,
te damos las gracias, Señor.

Anónimo

20

La verde tierra se adentra en el mar
y quienes vivimos aquí podemos recorrerla
y disfrutar de sus montes y caminos,
sus vacas, ovejas y cabras,
sus ríos y sus rocas, sus playas
y su arena. Gracias, Señor,
por darnos esta tierra.

Mañana es un día especial:
empiezan las vacaciones,
y nos vamos al mar.
Jugaré con la arena, me podré bañar.
Montaremos en burro,
iremos a pasear.

$\mathcal{M}$e gusta
cuando luce el sol,
el cielo está azul y hace calor.
Me entusiasmo con la nieve
que con su manto todo lo envuelve.

También me gusta que llueva,
porque la ciudad brilla como nueva.
Pero si hoy, Señor, haces que sople
viento, mi cometa volará y me pondré
muy contento.

Ya llega el buen tiempo;
el día se alarga y al amanecer,
con el rocío, el monte brilla.
La alondra planea al viento,
el caracol en la hoja se mece
y Dios desde lo alto todo lo mira:
el mundo está de maravilla.

Basado en Robert Browning (1812-1889)

Querido Dios,
sé que es primavera
porque los pájaros cantan.
Así agradecen a su manera
que las plantas renazcan.

El sol de verano ilumina
la tierra y el mar;
luz de felicidad que brilla
generosa y sin par.
La gente se alboroza
en su luminosa templanza,
y como una sola voz entona
el salmo de alabanza.

Basado en Bishop How (1823-1897)

Me encanta ver cómo la lluvia
moja las calles;
me encanta ver cómo brillan
las gotas del aguacero;
me encanta ver cómo el viento
seca la lluvia;
me encanta ver cómo el sol
luce de nuevo.

Gracias por la tormenta,
la lluvia y el viento fiero,
Y gracias por hacer que el sol
luzca de nuevo.

El mundo es maravilloso

Cuando en verano llueve
y el cielo se pone gris;
cuando las nubes crecen
y no puedo salir;
contemplo la verde hierba
y me pongo a pensar:
¡bien, así las plantas
beberán sin cesar!

Rosas, violetas,
claveles y acacias.
Cuando llueve, Señor,
te doy las gracias.

Como nos pasa a nosotros,
las plantas han de beber.
Gracias, Señor,
por hacer llover.

Gracias por la bella estación
en que el viento empieza a soplar
y las hojas doradas caen
para hacer el suelo brillar.

El verano ha terminado
y el invierno está en camino,
pero me siento feliz
porque hace un día divino.

*C*onsidero
que Dios hizo algo muy bello
cuando creó el invierno.
Al caerles las hojas,
los árboles muestran
sus ramas y formas.
Así tienen mayor libertad
para afrontar la tempestad.

Dorothy Wordsworth (1771-1855)

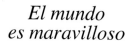

Bendice, Dios, el campo y la sementera.
Bendice el arroyo, la rama y la conejera.
Bendice al pececillo y a la ballena.
Bendice, Dios, el arco iris y el granizo.
Bendice la hoja y el nido.
Bendice al justo y al forajido.
Bendice, Dios, el sendero y el camino.
Bendice el agua y el vino.
Bendice las peras, las nueces y los higos.
Bendice, Dios, la vid y el trigo.
Bendice al águila y al colibrí.
Bendice a mi gente y también a mí.

Anónimo

¡Oh, Señor,
qué triste es el fin del verano!
Suerte que nos das manzanas
para que las comamos.

De noche me desperté
y por la ventana vi soñoliento
un fantástico espectáculo
de copos a cientos.

De buena mañana
observé con sorpresa
que todo estaba cubierto
de nieve espesa.

Lluvia,
nieve,
granizo.
El sol
aparece
como un hechizo.
Todas estas maravillas
de la estación más fría
como joyas en la noche brillan.
Lluvia,
nieve,
granizo.
Frutos
del amor de Dios,
que todo lo hizo.

35

Los animales se guarecen
del invierno crudo.
Gracias, Dios mío, por darnos un hogar
cálido y seguro.

¡Oh, Señor! Tú que nos
mandas el invierno,
pero también la calidez del estío,
envuélvenos con tu amor eterno
y aleja de nuestra vida el frío.

Basado en S. Longfellow (1819-1892)

37

En mitad del invierno,
al decir la noche adiós,
llegó al mundo el Rey de la luz,
nuestro Dios.

¡Alegría, alegría!
El Señor ya está aquí.
¡Que a nuestro Rey
hagan sitio
los corazones!
Y el cielo y la tierra le canten,
y den gracias a María.

¡Alegría, alegría!
El Salvador ya tiene su reino;
Que los hombres entonen
su canto,
mientras ríos y praderías,
rocas y montañas
corean su alegría,
y dan gracias a María.

Basado en Isaac Watts (1674-1748)

39

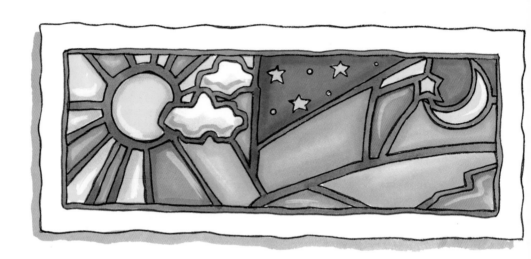

¡Alabad al Señor! Por los cielos adorado.
¡Alabadlo, ángeles del Cielo!
Sol y Luna, por Él regocijaos;
Alabadlo, estrellas y luceros.

Basado en John Kempthorne (1775-1838)

Alabemos al Señor tocando la trompeta,
o la batería.
Alabemos al Señor con nuestros bailes,
silbemos o cantemos una melodía.
Alabemos al Señor tocando el violín
o alcemos la voz para tal fin.
Podemos demostrar nuestra alegría
en cualquier festín.

Señor, tu gloria llena el cielo,
la Tierra conserva su fertilidad;
Gloria a Ti, Señor,
en tu santidad.

Basado en Mant (1776-1848)

Alabad al Señor en su templo,
alabadlo en su fuerte firmamento.
Alabadlo por sus obras magníficas,
alabadlo por su inmensa grandeza.
Alabadlo simplemente por ser Dios.

Del salmo 150

Todas las cosas alaban al Altísimo.
El cielo, la Tierra, el mar y el Paraíso.
Os alaban el tiempo y el espacio.
Y nosotros, Señor, te alabamos sin descanso.

Basado en George William Conder (1821-1874)

Tal vez soy pequeño
pero puedo cantar
una alabanza
a Dios en su altar.

Alabad al Señor en el cielo,
alabad al Señor en lo alto.
Alabadlo, todos sus ángeles;
alabadlo, todos sus ejércitos.

Alabadlo, Sol y Luna;
alabadlo, estrellas lucientes.
Alabadlo, espacios celestes,
alabadlo nubes del cielo.

Alabad al Señor en la tierra,
cetáceos y abismos del mar,
rayos, granizo, nieve y bruma,
viento huracanado que cumple sus órdenes,

montes y todas las sierras,
árboles frutales y cedros,
fieras y animales domésticos,
reptiles y pájaros voladores.

Reyes y pueblos del orbe,
príncipes y jefes del mundo,
los jóvenes y también las doncellas,
los viejos junto con los niños.

Alabad el nombre del Señor,
el único nombre sublime.

Del Salmo 148

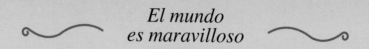

Querido Dios,
me gusta sentarme en la orilla y mirar
cómo el agua baña la arena.
Cuando estoy aquí pienso
que creaste un mundo inmenso.

Sentada en la playa, miro a lo lejos
donde se juntan el mar y el cielo.
Pienso en ese mundo desconocido.

Algún día lo conoceré,
cuando haya crecido.

$\mathcal{G}$racias por las flores,
gracias por los árboles,
gracias por la hierba,
y por la brisa tan fresca,
gracias por las verduras,
gracias por la fruta.
Gracias por esas cosas
que tanto nos gustan.
Gracias, querido Padre,
por tanta maravilla,
por el sol y el arco iris
que tras la lluvia brilla.

Gloria a Dios por todos los claroscuros.

G. M. Hopkins (1844-1889)

Dos ojos para ver,
dos oídos para escuchar,
una nariz para oler y una boca para hablar.
Qué grande es Dios,
que todo me lo quiso dar.

Dios que creaste la tierra,
el cielo, el aire y el mar,
e hiciste que la luz fuera,
siempre me has de cuidar.

Basado en Sarah Betts Rhodes (1824-1904)

Tan ancho como
el mundo,
(abriendo los brazos)

tan hondo como
el océano,
(señalando hacia abajo)

tan alto como
el cielo,
(señalando hacia arriba)

así es tu amor
por mí.
(abrazándote)

Querido Dios, gracias por nuestra ciudad;
por todas las cosas bonitas y sorprendentes
que vemos en la calle y en los parques,
por los destellos en la acera, el arco iris
en los charcos, los pétalos de flores
caídos en el suelo y el sol centelleando
en las ventanas. Todo eso hace que sea
fascinante pasear por la ciudad.

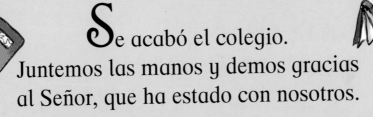

Se acabó el colegio.
Juntemos las manos y demos gracias
al Señor, que ha estado con nosotros.

Margot Damjakob (1939-1940)

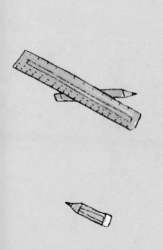

55

Que Dios bendiga
a toda la gente conocida
que pasea
distraída
por nuestra ciudad.

Que Dios bendiga a los que conoceré
y pronto saludaré
en la calle o en el café.
Mayores y niños, a todos conoces
y a todos en tu seno acoges.

Una ciudad es un lugar
donde vive mucha gente.
Dios mío, ayúdanos a hacer
de nuestra ciudad
un buen sitio donde vivir.

Señor, haz que reconozca tu gloria en todas partes.

Miguel Ángel (1475-1564)

Cuando en autobús vamos,
por calles y plazas pasamos.
Cuando vamos en tren,
vemos campos y montes también.
Cuando vamos en avión,
rozamos las nubes, ¡qué emoción!
Desde un cohete espacial,
la Tierra entera podría admirar.
Que tu amor, Dios, nos acompañe
en todos nuestros viajes.

BENDICE
A LOS ANIMALES

El Niño Jesús ha nacido en Belén
y los animales lo han venido a ver.
Bonitos regalos vienen a traer
al Niño Jesús, nacido en Belén.

Yo –dice la burra, tan tierna y peluda–
he traído a su madre cruzando las dunas.
Sin temor al frío ni al furioso viento,
llevando a María he cruzado el desierto.

Yo –dice el buey, grande y manso–
he ofrecido el heno de mi establo
para que en un lecho blando
pueda dormir feliz el Niño santo.

Yo –dice el carnero– le daré mi lana
para que la Virgen le teja una manta.
Mi lana blanca le dará abrigo
y por la noche no tendrá frío.

Yo –dice la paloma desde lo alto–
lo arrullaré por la noche con mi canto.
Moviendo las alas meceré su cuna,
para que se duerma a la luz de la luna.

Que todos los animales
vivan libres y contentos,
que Jesús los proteja
y les consiga alimento.

Basado en un villancico inglés del siglo XIV

Tiene el mundo en sus manos;
tiene el mundo en sus manos.

Tiene al diminuto bebé en sus manos;
tiene el mundo en sus manos.

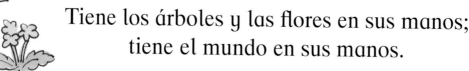

Tiene los árboles y las flores en sus manos;
tiene el mundo en sus manos.

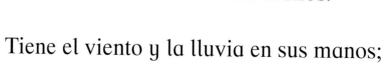

Tiene el viento y la lluvia en sus manos;
tiene el mundo en sus manos.

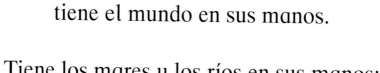

Tiene los mares y los ríos en sus manos;
tiene el mundo en sus manos.

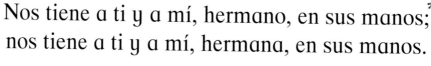

Nos tiene a ti y a mí, hermano, en sus manos;
nos tiene a ti y a mí, hermana, en sus manos.

Tiene el mundo en sus manos.

Tradicional

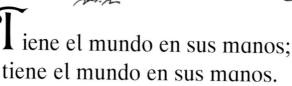

Gracias, Señor, por hacer el mundo tan vasto;
con tantos países y pueblos
tan distintos.

Gracias, Señor, por hacer los mares tan profundos;
por los animales que nadan,
se zambullen y juegan en los océanos.

Gracias, Señor, por hacer el cielo tan inmenso;
por las estrellas que brillan en la noche
y se desplazan por el espacio infinito.

Gracias, Señor, por hacer que yo esté en este vasto,
profundo e inmenso mundo junto a ti.

Gracias, Dios, porque creaste
a los hipopótamos, los elefantes,
y las jirafas de largo cuello,
que casi tocan el cielo.
Por los monos alborotadores
y papagayos multicolores.

También por los rinocerontes, gacelas,
cocodrilos, tigres y cebras.
Ayúdanos, Dios, a cuidar la Tierra
para que los animales sigan
viviendo en ella.

Querido Dios, esta mañana tomé
una miel deliciosa en el desayuno.
Luego vi un programa en la televisión sobre
cómo las abejas hacen la miel, hablan entre
ellas y preparan su colmena para el invierno.
Me fascinó ver lo ocupadas que están.
Ahora, cuando tome miel, pensaré:
«Gracias, abejas, por fabricar la miel;
y gracias, Dios, por crear a las abejas».

Bendice
a los animales

Esta mañana he oído, Señor,
a un pajarito
cantar alegre al nuevo día.
En mi interior
también he cantado bajito,
porque igual de vivo me he sentido.

Ayer perdí los pequeños desvelos
que a veces me apenan.
Entre los campos, en los cielos,
entre los animales que pastan.
Entre el soplo del viento
y el murmullo de las ramas,
entre las aves en concierto
y el zumbido de alas.

Espanté mis fútiles miedos
a todo lo que está por llegar.
Entre aromáticos viñedos,
y heno recién segado.
Allí donde no cabe pensar mal
y florece siempre lo bueno,
entre la amapola y el maizal;
Dios estaba conmigo.

Basado en Louise Imogen Guiney (1861-1920)

¿Quién te creó, lindo corderito?
¿Sabes quién te hizo tan bonito?
Te dio la vida y sació tu apetito,
junto al arroyo y en el corralito.
Te dio un abrigo maravilloso,
esponjoso, brillante y sedoso;
¿Quién te dio esa voz tan tierna
que a todo el mundo alegra?
Corderito lindo, ¿quién te creó?
¿Sabes decirme quién te creó?

William Blake (1757-1827)

Gracias, Señor, por este conejito,
que es tan suave y peludito.
Siempre mueve el hocico,
lo hace desde chiquito.

El canto del chochín,
el pájaro más diminuto,
es intenso como el violín
y lo oigo cada minuto.
A Dios alaba cantando
y da gracias por su nido.
Está tan feliz,
que no cabe en sí.

Ha pasado ya el invierno, han cesado
las lluvias y se han ido.
Aparecen las flores en la tierra, el tiempo de
las canciones es llegado, se oye el arrullo
de la tórtola en nuestra tierra.

Del Cantar de los cantares

Querido Dios, ayúdame a ser
tierno y amable
con los animales.

No hagas daño a ningún ser:
ni mariquitas o mariposas,
ni grillos de canto alegre,
ni polillas polvorosas.

Ni saltamontes que dancen,
ni mosquitos o escarabajos;
ni gusanos, que ningún daño hacen.

Christina Rossetti (1830-1894)

Líbranos, Señor,
de cucarachas y arañas,
de ratas y alimañas
que de noche nos espantan.

Tradicional

Protege a todos los animales,
grandes y diminutos.
Yo en su nombre te quiero rogar
porque ellos no saben rezar.

De Cristo es el mar, de Cristo son los peces; en las redes de Dios nos encontraremos.

Oración irlandesa

Rogamos, Señor, por los humildes animales que con nosotros sobrellevan la carga y el calor del día, dando su vida por el bienestar de su país; y por las fieras salvajes, que Tú has hecho sabias, fuertes y hermosas; rogamos para que las acojas en tu tierno corazón, pues Tú prometiste salvar tanto al hombre como a la bestia, y tu bondad es inmensa, oh, Salvador del mundo.

Oración rusa

La lombriz es
muy simple,
aunque dicen
que también
es muy buena
en su terreno.
Sin ella,
mi jardín
se moriría.
Gracias, pues, Señor,
por las lombrices
y su maestría.

Las mariquitas son divertidas,
también lo son las hormigas,
me gusta que la abeja haga miel
y me hacen cosquillas los ciempiés.
Gracias, Dios, por hacer
esos bichos que me gustan.

Las arañas me dan miedo,
los ratones también,
cuando un murciélago veo
siempre echo a correr.
Te pido que me des tu ayuda
porque esos bichos me asustan.

El pájaro no va de tiendas,
ni sale a comprar comida.
Pues el arbusto es su huerta,
y la hierba, su botica.
La hormiga es su cena
y la semilla, su pan.
Para ir a la cama no necesita
más que la luz de las estrellas.

Basado en Elizabeth Coatsworth (1893-1986)

Ladran los perros y chillan los ratones,
¿estarán contándonos sus razones?
Gallos y gallinas cantan y cacarean,
¿será que nos hablan cuando vocean?
Querido Dios, ¿te hablan los animalitos
para contarte sus caprichos?
Porque, si no pueden, yo te pido
que los cuides como a mí cada día.

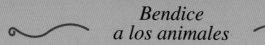

Pastor que amas tu rebaño,
no permitas que sufra ningún daño.
Con tu fuerza sin duda impedirás
que nadie le estorbe jamás.

Basado en Jane Eliza Leeson (1807-1882)

Dios que creaste las ovejas, cuídame
como si fuera una más de tu rebaño.

El caracol hace
la santa voluntad de Dios...
despacito.

G. K. Chesterton (1874-1936)

El camaleón
cambia de color
muchas veces al día,
pero sigue siendo un camaleón.
Padre, ayúdame a comprender
que las personas podemos
ser de distintos colores,
pero seguimos
siendo personas.

Protege, Señor, a todos los animales,
los del mar y los de la tierra,
para que vivan seguros,
felices y libres como cualquiera.

Gracias por los animales,
domésticos y salvajes.
Gracias, Dios, por todos los seres
y por lo que nos dieres.

Anónimo

El tordo le dijo al gorrión:
«Querría saber el motivo
de que los atareados humanos
parezcan tan intranquilos».
El gorrión le dijo al tordo:
«Amigo mío, creo que es
porque ellos no tienen un Padre
como el nuestro que vele por ellos».

Tradicional

$\mathcal{U}$n petirrojo enjaulado
deja al Cielo enfurismado.

William Blake (1757-1827)

Bendice
a los animales

Esta mañana oí una alondra cantar;
echó a volar hacia el cielo
canturreando sin parar.
Enséñame a alabarte, Señor,
con la misma alegría y fervor.

La alondra está en el alerce,
el caracol en el espino,
Dios está en el cielo,
todo va bien en el mundo.

Robert Browning (1812-1889)

Padre, bendice y atiende
a las bestias y aves que gritan y cantan.
Y protege, paciente,
a los pequeños animales sin habla.

Anónimo

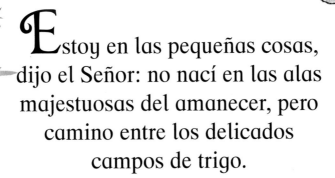

Estoy en las pequeñas cosas,
dijo el Señor: no nací en las alas
majestuosas del amanecer, pero
camino entre los delicados
campos de trigo.

Estoy en las pequeñas cosas,
dijo el Señor: ¡sí! En las relucientes
alas de los pájaros, en las
acolchadas patas de afables
animales peludos.

Estoy en las pequeñas cosas,
dijo el Señor.

Basado en Evelyn Underhill (1875-1941)

La tortuga es mi amiga
y no suele hablar.
Tampoco necesita guarida,
ni otro tipo de hogar.
Lleva siempre la casa encima,
no importa el lugar.
Sólo Dios sabe, y no imagina,
lo que puede pensar.

Querido Dios,
nuestros animales son
algo especial.
Nos dan su amor
y horas de felicidad.
Nos exigen respeto
y responsabilidad.
Gracias.

Yo tenía un perrito,
y cada día le daba de comer.
Jugábamos en casa
o salíamos a pasear;
lo hacía saltar, jugar y correr.

El perrito fue creciendo
y se hizo mayor.
Yo también he ido
creciendo junto a él.
Gracias, Señor, por darme su amor.

Las mascotas son nuestras amigas
y nos hacen compañía;
por eso cuando mueren
lloramos muchos días.
Pero te damos gracias por su recuerdo
y por los buenos momentos
que pasamos con ellas.

Que Dios bendiga
a los animales,
grandes y pequeños,
y nos ayude a cuidarlos
y amarlos a todos ellos.

Hay tantos animales
en el mundo,
del ñu al cocodrilo...
Tantas formas,
colores y especies,
que a Dios estoy agradecido.

Aquí está mi pececito,
alegre y colorido.
Está indefenso
y no puede protestar.
Ayúdame, Señor,
a nunca olvidar
que soy yo
quien lo debe cuidar.

Querido Dios,
me encanta ver correr a mi jerbo,
verlo comer y rascarse la nariz.
Ayúdame a cuidar de él cada día,
para que crezca sano y feliz.
Amén.

Gracias, Dios mío, porque al cuidar
de nuestras mascotas
recordamos lo mucho que nos amas
y te preocupas por nosotros.
Amén.

Primero teníamos dos conejos,
luego teníamos cuatro.
Dieciséis había ya
al cabo de un rato.
Me encantan los conejitos.
Dios, me parece genial
que de dos conejos
salgan tantos hijitos.

Nuestro gatito
nunca duerme;
salta y retoza,
corre y muerde.
Estoy seguro
de que esta bolita
alaba a Dios
con su colita.

Por favor, escucha esta oración
especial, y entiende que,
si me pongo a llorar,
es porque mi canario va a empeorar.
Aunque sé que todos
hemos de morir,
me cuesta aceptarlo.
¡Ojalá no fuera así!

Querido Dios,
ya sabes que a nuestro
gatito mucho queremos,
pero ahora malito lo tenemos.
Ayúdanos para que sepamos cuidarlo
y ayuda al veterinario para que sepa
tratarlo y que lo antes posible lo
tengamos otra vez bueno.
Amén.

Yo y mi perro,
mi perro y yo,
somos los más felices, ¿cómo no?
Dios nos ama,
a él y a mí;
no nos separamos ni para dormir.

¡Cuán múltiples tus obras, oh Señor! Hiciste todas ellas con sabiduría; la tierra está llena de tus criaturas.

Del salmo 104

Alabad a Dios porque Él os bendice.
Alabadlo, animales, en vuestro escondite.
Alabadlo en su sede divina, allá en lo alto.
Alabad al Padre, al Hijo
y al Espíritu Santo.

Todas las criaturas de Dios,
nuestro rey,
alzad la voz y cantad con Él:
¡Aleluya, aleluya!

San Francisco de Asís (hacia 1225)

Que nuestro Padre proteja y bendiga todo aquello que respira: que lo guarde de todo mal y le permita dormir en paz.

Basado en Albert Schweitzer (1875-1965)

TE DOY
LAS GRACIAS

Gracias, Dios,
te quiero dar,
porque tras desayunar
el día puedo comenzar.

Un día más no sentamos a la mesa.
Gracias, Jesús, por esta comida
tan buena.

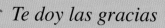

Por tu amor
y por tus dones,
querido Jesús,
gracias te damos.

Te doy gracias, Señor,
por la comida y la bebida,
por la salud, por la paz,
y por el amor de mi familia.

Por la salud, por la fuerza
y por los alimentos de cada día,
alabamos tu nombre, Señor.

Tradicional

Bendíceme, Señor,
y que los alimentos
me den fuerzas para servirte,
por el amor de Dios.

Del libro The New England Primer

117

𝒫or todo lo que estamos
a punto de recibir
damos las gracias a nuestro Señor.

Anónimo

Bendícenos, Señor, a nosotros y a los ricos
alimentos que de ti recibimos
a través de Cristo, nuestro Señor.

Tradicional

Bendito sea Dios nuestro Señor, rey del universo,
que alimenta al mundo con su bondad;
con gracia, amabilidad y compasión.
Él da sustento a todos los seres,
pues su bondad es eterna.
Bendito seas, Dios mío, que todo lo nutres.

Bendición judía

Tú que estás con nosotros a la mesa, Señor,
sé adorado aquí y en cualquier sitio.
Bendice a tus criaturas y concédenos el honor
de festejar contigo en el Paraíso.

John Wesley (1703-1791)

Bendice mi comida, Señor,
para que me haga fuerte, sano y mejor.

La comida de la escuela a veces es buena,
y a veces también es un poco mala,
pero me gusta comer en la escuela
toda la semana.

Unos días me lo como todo,
otros días prefiero compartir.
Gracias, Señor, por la comida del cole
y porque mis amigos están ahí.

Pizza, pollo y hamburguesas
son para mí comida de fiesta.
Chocolate, chuches y helados
y la tarta de mi cumpleaños.
Macarrones, zumo y croquetas.
Gracias, Dios,
por todas las cosas buenas.

Gracias por el vaso de leche
y gracias por el trozo de pan
que siempre cuando anochece
mis padres me dan.

El pan y el agua son suficientes
para saciarnos.
¡Pero me gusta tanto
la mermelada de arándanos!

Que el pan esté tan bueno
como un helado,
y que yo logre dormirme
incluso sentado.

Anónimo

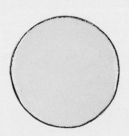

El Señor es bueno conmigo.
Doy gracias al Señor
porque nos da cuanto necesitamos:
el sol, la lluvia y las semillas de los manzanos.
El Señor es bueno conmigo.

John Chapman,«Johnny Appleseed» (1774-1845)

Bendito seas, Dios nuestro Señor, rey del universo, que haces brotar el pan de la tierra.

Bendición judía

Padre nuestro,
gracias te damos
por los frutos
de nuestros campos.
Gracias por los huevos
de las gallinas,
por la leche de la vaca,
el queso y la mantequilla.
Te damos gracias
por los cereales
y por la fruta de los árboles.
Protege, Señor,
a campesinos y granjeros,
que con su trabajo alimentan
al mundo entero.

Querido Dios, te damos gracias
por los alimentos que nos das.
Haz que no los derrochemos
y pensemos en los demás.

Gracias, Padre, por nuestra comida
y gracias por aquellos que nos la cocinan.

Rojo es el tomate,
la zanahoria naranja,
amarillo el pimiento,
verde la espinaca.
Qué arco iris de color
en mi ensalada
ha puesto el Señor.

El mundo es de Dios labranza,
y los frutos recogemos con su alabanza.
El trigo que sembramos un día
crecerá débil o con energía.
Primero la espiga asoma la nariz,
y luego aparece todo el maíz.
Señor de la cosecha, haz que seamos
puros e integrales, como estos granos.

Basado en H. Alford (1810-1871)

Querido Dios,
gracias por las personas
que cultivaron estos alimentos para mí.
Gracias por las personas
que trajeron estos alimentos hasta mí.
Gracias por las personas
que cocinaron estos alimentos para mí.

Aquí las manzanas,
allá las peras,
mira qué hogazas
y tartas de crema.
Patatas, berenjenas,
trigo y centeno,
miel sobre hojuelas
y mucho caramelo.
Frutos rojos y néctar,
y heno embalado;
gracias por esta colecta
que Dios ha procurado.

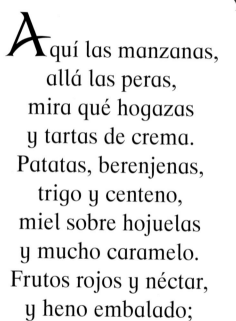

Alguien sembró, alguien regó,
alguien cuidó y aró el campo.
Pero Dios aportó el Sol, el viento y la lluvia
para que recolectáramos tanto.

Padre, te damos gracias por estos alimentos,
por la salud, la fuerza y los buenos momentos.
Que todo el mundo comparta estas bendiciones
y que te estén agradecidos sus corazones.

Tradicional

Querido Jesús, que gustabas de
comer, beber y compartir tu comida
con tus amigos, acompáñanos mientras
tomamos nuestras viandas.

A nosotros y a esto; que Dios nos bendiga.

Oración cuáquera

El pan es fresco y tierno,
el agua, clara y fría.
Señor de la Vida, ven a nosotros;
Señor, haznos compañía.

Oración africana

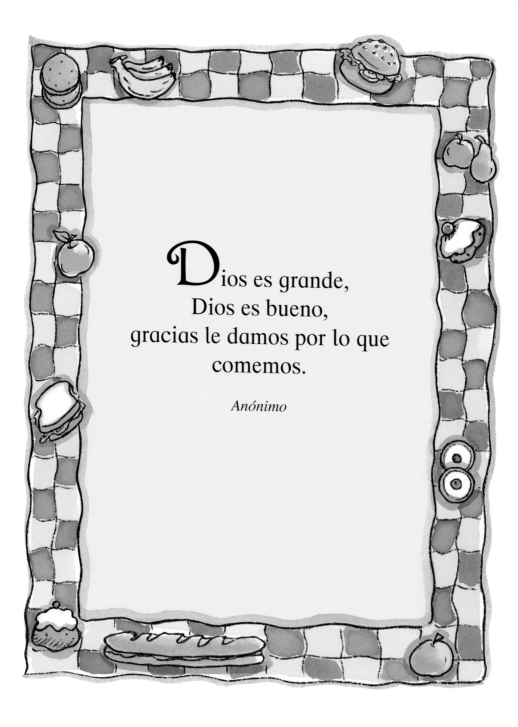

Dios es grande,
Dios es bueno,
gracias le damos por lo que
comemos.

Anónimo

Gracias, Padre,
por este hermoso día,
gracias por la comida
que tomamos en familia.

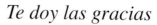 

Cada mañana,
a la mesa sentados,
a Dios damos gracias
por el pan que tomamos.

Anónimo

Gracias por los deliciosos alimentos
que puedo comer tres veces al día.
Sé que en el mundo hay cientos
de niños que no tienen comida.
Me gustaría ayudarles y digo:
¿qué puedo hacer?
Dios, por favor te pido
que les des de comer.

¡Qué bonito es pensar
que el mundo está lleno de agua y manjar!
Que hasta en los lugares más remotos,
los niños comen y oran devotos.

Basado en Robert Louis Stevenson (1850-1894)

$\mathcal{U}$nos tienen carne y no pueden comerla,
otros no tienen carne y querrían comerla;
nosotros, que tenemos carne y podemos comerla,
a nuestro Señor hemos de agradecer.

Robert Burns (1759-1796)

147

Con cinco panes y dos peces
Jesús dio de comer a mucha gente.
No sabemos cómo obró el milagro,
pero hoy le pedimos
que bendiga nuestro plato.

Padre, mientras disfrutamos de la comida
que nos hace fuertes, ayúdanos a recordar
a aquellos que tienen menos que nosotros.
Que atendamos a lo que sucede en el mundo
y usemos nuestra energía y nuestro dinero
para ayudar en todo lo que podamos.

 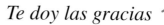
Querido Dios,
ayúdame a compartir
lo que me has dado
con todos los niños
de cualquier lado.

esús, Tú diste de comer a mucha gente
con cinco barras de pan y dos peces.
Enséñanos a compartir lo que tenemos
con los demás.

Que los que tenemos mucho
no olvidemos a los que tienen poco.
Que los que podemos comer
no olvidemos a los que pasan hambre.
Que los que somos queridos
no olvidemos a los que están solos.
Que los que nos sentimos seguros
no olvidemos a los que están en peligro.
Que los que tanto tenemos
aprendamos a compartirlo.

Querido Dios, gracias por este vaso de agua.
Gracias, porque el agua es pura, fresca y clara.
No permitas que me olvide de aquellos
que no tienen agua clara para beber.
Ayúdanos a hacer todo lo posible por ayudarlos.

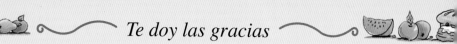

Recordemos el amor de Dios cada vez que comemos.

Oración china

Todo lo bueno que nos rodea
del Cielo nos fue enviado.
Demos gracias al Señor: ¡oh, gracias Señor,
por el amor demostrado!

Basado en Matthias Claudius (1740-1815)

Dios bendiga esta casa
y al que por su puerta pasa.

$\mathcal{O}$h, Dios mío, haz que la puerta de esta casa
sea lo bastante ancha para recibir a todos
aquellos que necesitan amor, fraternidad y el cuidado
de nuestro Padre; pero también lo bastante estrecha
para dejar fuera la envidia, el orgullo y el odio.
Haz que el umbral sea liso para que los niños
no tropiecen y nadie extravíe sus pasos,
pero robusto para que resista el poder de la tentación:
haz de ella un acceso a tu reino eterno.

Thomas Ken (1637-1711)

El amor es paciente
y muestra comprensión.
El amor no tiene celos,
no aparenta ni se infla.
No actúa con bajeza
ni busca su propio interés,
no se deja llevar por la ira y olvida lo malo.
No se alegra de lo injusto,
sino que se goza de la verdad.
Perdura a pesar de todo,
lo cree todo,
lo espera todo
y lo soporta todo.
El amor nunca pasará.

(Corintios 1:13)

Que Dios te bendiga,
que Dios me bendiga.
Y que cuide de nosotros
toda la vida.

Querido Jesús, nuestro Señor, cuando naciste
no tenías hogar. María y José tuvieron que viajar
a un pueblo desconocido y acomodarte en el pesebre
de un establo. Por favor, ayuda a toda la gente
que ahora no tiene dónde vivir y a todo aquél que debe
abandonar su hogar. Haz que los que tenemos
casa nos acordemos de ellos y les prestemos ayuda.

Gracias por las visitas
y por todos los presentes.
Gracias por los paseos
por calles diferentes.
Gracias por los buenos ratos,
en cualquier lugar.
Pero, ante todo, Señor,
gracias por nuestro hogar.

𝓙esús, bendice nuestro hogar y haz
que te tengamos siempre en mente.
Sé nuestro guía en los momentos delicados
y bendice a los que hospedamos.

*J*esús dijo: «Dejad que los niños vengan a mí y no lo prohibáis, porque el reino de Dios es de los que son como ellos».

MATEO 19:14; MARCOS 10:14; LUCAS 18:16

Oh, Señor, me encanta mi camita
y en la almohada apoyar la cabecita.
Es fantástico tener un lugar,
donde solos Tú y yo podemos estar.

<big>D</big>ios, bendice este caos,
pero dame fuerza
para guardarlo todo
y hacer limpieza.

Querido Dios, cuida de mamá
y papá, dales alegría en verano
y salud en Navidad.
Cuídalos a todas horas,
no los dejes de amparar.

Gracias te doy por mis padres,
que me llevan a pasear,
por las fiestas, por las siestas,
y porque me cuentan cuentos
cuando me voy a acostar.

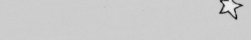

Dios, bendice a todos los que quiero.
Dios, bendice a todos los que me quieren.
Dios, bendice a todos los que quieren
a quien yo quiero y a todos los que quieren
a quien me quiere.

De un antiguo libro de oraciones de Nueva Inglaterra

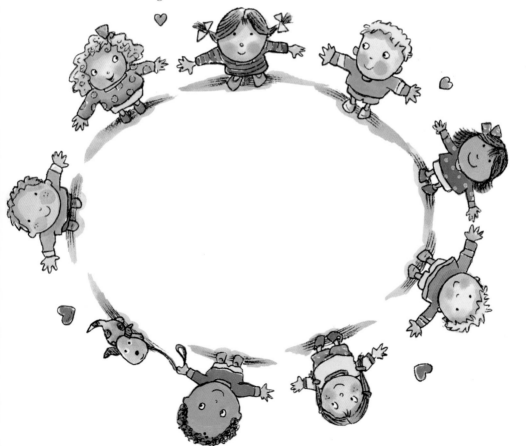

Todo lo que mamá hace es tan especial,
que es imposible que estemos mal.
Cocina de maravilla, me compra ropa
y cuando me estoy durmiendo, me arropa.
No sé cómo decirle que la quiero,
pero intento demostrárselo con esmero.

Cuando salimos, papá me dice:
«Hijo, no corras,
observa, escucha con atención,
camina y no hables».

Nos fijamos en lo que nos rodea,
desde árboles hasta abejas.
Gracias, Dios, por mi papá.
Dile cuánto le quiero.

$\mathcal{P}$adre, cuando en casa tengamos un mal día y digamos cosas que no sentimos, haz que hagamos las paces antes de irnos a dormir. Ayúdame a dar el primer paso y decir: «Lo siento mucho».

Querido Dios, me encanta ayudar a papá
en el jardín. Hay mucho trabajo y es
cansado, pero no me importa porque lo
hacemos juntos y nos divertimos.

Oh, Señor, nuestro bebé es un torbellino;
grita y patalea con mucho brío.
Pero cuando me acerco a su cuna
se rinde al sueño, la criatura.

He tenido un hermanito,
¡no me lo puedo creer!
Duerme en una cuna alta
pero no se puede caer.
Tiene las manos pequeñas
y unos pies muy blanditos.
Si le acaricio la cara,
siempre abre los ojitos.
Qué suerte tengo, Jesús,
con este nuevo hermanito.

Cuatro esquinitas
tiene mi cama,
cuatro angelitos
guardan mi alma.

A veces me agarra el dedo
y no lo quiere soltar.
Yo me río y él sonríe,
y se alegra mi mamá.

Pero cuando tiene hambre,
no se cansa de llorar.
Yo me tapo los oídos
y quiero que crezca ya.

Aunque grite, llore o ría,
yo lo quiero de verdad.
Gracias, Dios, por mi hermanito,
y por poderlo cuidar.

Dios mío,

al principio éramos sólo papá, mamá y yo,
pero ahora tengo un hermanito, que siempre llora
y al que prestan mucha atención.
A veces me siento ignorado y preferiría
que no hubiese nacido. Pero cuando juego con él
se ríe mucho; así que creo que todo va a salir bien.

Querido Dios,
a veces los hermanos nos peleamos,
nos quitamos las cosas y hasta nos pegamos,
pero ya sabemos que eso no está bien.
Enséñanos a pedir perdón,
te lo pedimos de corazón.

Mi familia

Querido Dios,
dame un corazón grande
y unos ojos abiertos,
que quiero dar cariño desde
que me despierto.
Es cierto que a veces no
lo sé expresar,
pero con el tiempo podré mejorar.

uerido Dios, ayúdame a querer
a todos los miembros de mi familia,
incluso cuando no me gusta lo que hacen.

Gracias, Dios mío, por haber creado
a tantas personas diferentes,
pero sobre todo te doy gracias
por mis parientes.

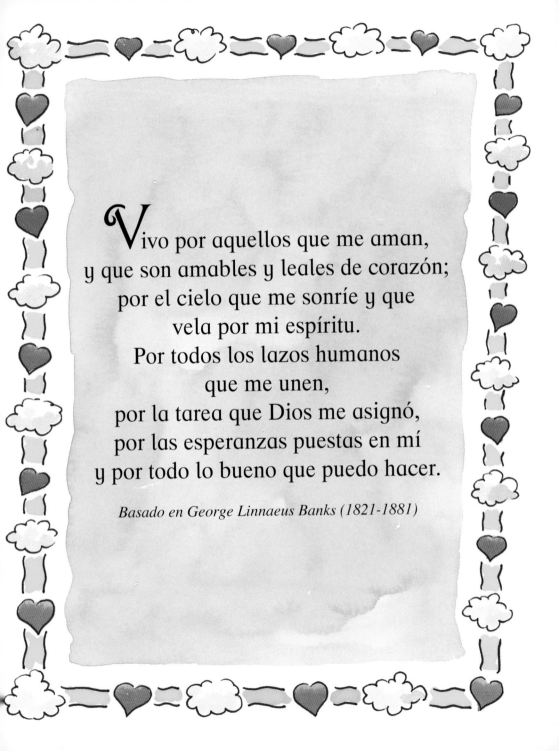

Vivo por aquellos que me aman,
y que son amables y leales de corazón;
por el cielo que me sonríe y que
vela por mi espíritu.
Por todos los lazos humanos
que me unen,
por la tarea que Dios me asignó,
por las esperanzas puestas en mí
y por todo lo bueno que puedo hacer.

Basado en George Linnaeus Banks (1821-1881)

Gracias por la abuela,
que prepara cosas ricas
en el horno y en la cazuela.

Y gracias por el abuelo,
porque cuando voy a verlo
destapa la caja de caramelos.

Mi abuelo tiene un gato chiflado
que no hay quien lo aguante,
y lleva un sombrero viejo
nada elegante.

Pero el abuelo es divertido,
porque me lleva de paseo,
me habla como a un amigo
y me lee tebeos.

Gracias, Dios, por mi abuelo
y su viejo sombrero desastrado.
Por favor, dile que lo quiero,
¡y también a su gato chiflado!

Gracias, Señor, por todos los abuelos
y abuelas. Gracias por las historias que nos
cuentan y las cosas que nos ayudan a hacer.
Gracias, porque tienen tiempo de atarnos
los zapatos y llevarnos de paseo.
Por favor, bendícelos a todos.

La abuela me pone en su regazo
y me acaricia el pelo.
Si quiero jugar al fútbol,
me acompaña el abuelo.

Cuida, Señor, de mis abuelos,
porque me gusta ir con ellos de paseo.
Cuida, Señor, de mis abuelos
que conmigo son tan buenos.

La mamá de mi mamá es mi abuela. La mamá
de la mamá de mi mamá es mi bisabuela.
Y aunque está ya muy mayor, habla conmigo
y recuerda mi nombre. ¡Es estupenda!

Por favor, Dios, bendice a mi gran bisabuela.

Querido Dios, bendice a todos los niños
que no tienen familia. Cuida de ellos, por favor,
y mándales a alguien para que los cuide
y no estén solos.

Que Dios bendiga a todas las tías
que quieren a sus sobrinos;
que dios bendiga a todos los tíos
que hacen regalos divinos.

Mis tíos
viven muy lejos de aquí.
Nunca nos vemos, pero siempre
me envían cartas y una tarjeta
por mi cumpleaños.
Te agradezco que piensen en mí
y que me manden su cariño
desde el otro extremo
del mundo.

Mi familia

Me encanta estar con mi tía
porque es muy buena;
me lleva a ver los patos
y me prepara la cena.

Después me enseña fotos
de ella y mamá de pequeñas.
Te doy gracias, Dios mío,
porque con mi tía me llevo de perlas.

Querido Dios, nos gustan nuestros primos.
Cuando vienen a vernos,
hablamos, jugamos, corremos y reímos
hasta caer rendidos.

Luego nos peleamos;
damos patadas, golpes y gritos.
Y queremos que se vayan
porque nos tienen fritos.

Pero, aunque son tan pesados,
nos ponemos tristes cuando se van.
En seguida los echamos de menos
y queremos que vuelvan ya.

Querido Dios, a veces, entre mi familia,
discutimos. Cuando eso ocurra, ayúdanos
a recordar que en realidad nos queremos mucho.
Ayúdanos a hacer pronto las paces.

Dios mío, mamá y papá se han separado y ahora tengo dos familias. A veces es muy duro porque intento hacer feliz a todo el mundo.
Por favor, no dejes de estar a nuestro lado mientras intentamos superar todo esto.

Querido Dios,
gracias por mi familia,
a la que tanto quiero.
Gracias por el tiempo que pasamos juntos
y por las cosas que entre todos hacemos.

Gracias por nuestras charlas y nuestros juegos;
gracias porque compartimos besos y recuerdos.
Gracias por acompañarnos en nuestros rezos.
Ayúdanos a recordar que estás con nosotros.

Querido Padre, hoy rezo por
mis mejores amigos.

Estos son sus nombres:

...................................……....

...................................……....

...................................……....

Querido Padre, gracias por mis amigos.
Ayúdame a ser un buen amigo para ellos.
Bendícelos y cuida de ellos,
hoy y siempre.

Señor, ésta es nuestra familia reunida.
Te damos gracias por la casa en que vivimos;
por el amor que nos une; por la paz de la que
disfrutamos en este día; por la esperanza
que tenemos puesta en el mañana; por la salud,
el trabajo, los alimentos, y por el cielo azul, por
todo lo que hace que nuestra vida sea placentera;
por nuestros amigos, que están en todos los
rincones del mundo.
Que la paz reine en nuestra pequeña comunidad.
Danos coraje, alegría y serenidad.

Robert Louis Stevenson (1850-1894)

Querido Dios,
dice mi mamá
que mi amor por ti
es como una mariposa:
muy bonito,
muy alegre,
pero muy frágil.
Que si no lo cuido,
se le pueden romper las alas.
Si hablo contigo
un poco todos los días
me sentiré libre,
como si pudiera
alcanzar el cielo.

Jesús,
hoy estoy triste
porque se ha muerto mi abuela.
Me dicen que se ha ido al cielo,
y que ahí está más cerca de ti.
Si la ves, dile que la echo de menos,
y que intento no llorar.
Dile que estoy siendo bueno
y que por ella voy a rezar.

Gracias,
Dios mío, porque todo el
mundo es parte de tu familia;
Tú eres nuestro Padre, nosotros
somos tus hijos. Gracias, Dios mío,
por la gran familia internacional
que formamos. Gracias
por todos los hermanos y
hermanas que habitan
el mundo entero.

Todo el mundo necesita tener buenos vecinos.
Por favor, Dios mío, bendice a los míos y ayúdame
a ser un buen vecino para ellos.

Te encomendamos a ti, Señor,
nuestra alma y nuestro cuerpo, nuestra mente y
pensamiento, nuestras oraciones y anhelos, nuestra
salud y nuestro empleo, nuestra vida y nuestra muerte,
nuestros padres y hermanos, nuestros benefactores
y amigos, nuestros vecinos, nuestros compatriotas
y toda la comunidad cristiana, en este día y siempre.

Lancelot Andrews (1555-1626)

Padre, bendícenos a mí y a mi familia.
Querido Jesús, cuida de mi familia y de mí.
Espíritu Santo, guárdanos a todos.
Dios mío, mantennos en el círculo
de tu amor.

La amistad

Jesús, amigo de los niños,
sé mi amigo;
dame la mano y camina
siempre conmigo.
No me abandones nunca;
sé mi amigo.
Porque te necesito desde el principio
hasta el final del camino.

Basado en Walter J. Mathams (1851-1931)

A todas las personas de mi colegio,
mi calle y mi familia creaste Tú, Señor;
y a todas me enseñaste a quererlas
sin importarme su edad o su color.

J. M. C. Crum (adaptado)

Mi mejor amiga es Rosa,
nunca se enfada y no es mentirosa.
Juan es alto y fuerte
y a los pequeños defiende siempre.
Luis, el de la camisa blanca,
es el que mejores notas saca.
Alicia es la más pequeña,
siempre tan dulce y risueña.
Mis amigos son algo especial,
y a todos quiero por igual.
Gracias, Jesús, por ser mi amigo
y por estar siempre conmigo.

Aveces estoy alegre, a veces abatido:
mi ánimo funciona como un yoyó.
Gracias, Dios mío, por estar conmigo;
tu amistad es sin duda lo mejor.

La amistad

Tengo
amigos parlanchines,
amigos silenciosos,
amigos tímidos y graciosos,
amigos formales,
amigos traviesos,
amigos mayores
y pequeños,
amigos gordos y flacos,
amigos altos y bajos.
Gracias, Dios,
porque me has dado
unos amigos tan variados.

Querido Dios, a veces no es fácil hacer amigos.
Ayúdame, para empezar, a ser amable con los demás.

La Biblia dice: «Que no se ponga
el sol sobre nuestro enojo». Señor, cuando
me pelee con algún amigo, ayúdanos
a hacer las paces antes de irnos a casa,
porque al día siguiente siempre
es mucho más difícil.

Dios mío,
qué mal me siento;
he dicho cosas
muy vergonzosas.
Ahora quisiera
volver en el tiempo
para pedir perdón
de corazón.

Amar es dar, no quitar,
reparar, no romper,
confiar y creer,
nunca decepcionar,
tener paciencia
y compartir con lealtad.
Es cualquier pena o alegría
que experimentamos cada día.

Anónimo

Amar es dar la última golosina a un amigo.
Querido Dios, ayúdame a querer así.

Compartirlo todo
y cuidarnos mucho.
Es el mejor modo
de vivir a gusto.

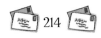

Querido Dios, gracias por darme amigos
de todos los tamaños y formas.
Procedemos de hogares distintos y hablamos
idiomas diferentes. Pero cuando compartimos
nuestros pensamientos, anhelos y temores,
descubrimos que en realidad no somos tan distintos.

Querido Dios, no me gustan los cambios. Mi amiguito se marcha y estoy muy triste; no sé qué voy a hacer sin él. Sé que él también está triste. Ayúdanos en nuestra separación, y a recordar los buenos momentos que hemos pasado juntos. Nunca nos olvidaremos y nos escribiremos, pero también debemos hacer nuevos amigos.

Que nuestra amistad perdure
a pesar de la distancia.
Que nuestra amistad perdure
aunque estemos ocupados.
Que nuestra amistad perdure
aunque hagamos nuevos amigos.
Que nuestra amistad perdure
mientras vivamos.

Anónimo

Gracias, Dios mío, por los amigos de la iglesia. Tenemos edades distintas y somos muy diferentes, pero todos formamos parte de tu familia.

Querido Dios, gracias por nuestros vecinos,
que llegan de muchos sitios distintos para
vivir cerca de nosotros. Ayúdanos a que
sean también nuestros amigos.

 219

 *La amistad*

Que el camino vaya a tu encuentro,
que el viento sople a tu favor.
Que el sol caliente tu rostro y
llovizne sobre tus campos en flor.
Y hasta que de nuevo nos veamos,
que Dios te lleve en la palma de su mano.

Bendición irlandesa

Que toda la gente que el mundo habita,
cante al Señor con amor y alegría;
que le sirva jubilosa y su nombre bendiga,
y se regocije por su compañía.

Salterio escocés (1650)

Siguiendo a Dios

Dios Padre que me diste la vida,
ayúdame a vivir por Ti.

Dios, mi rey, deseo aprender
a verte en todas las cosas.
Y que, lo que tenga que hacer,
lo haga por tu persona.

Basado en George Herbert (1593-1632)

 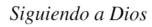

¿Qué puedo darle,
si no tengo nada?
Si fuera pastor,
le daría un cordero.

Si fuera un sabio,
me uniría a su acción.
Le daré lo que tengo:
dadle mi corazón.

Basado en Christina Rossetti (1830-1894)

Señor Jesús, enséñanos a ser generosos,
a servirte como Tú mereces,
a dar sin medida,
a luchar sin temor a las heridas,
a trabajar sin descanso,
sin esperar otra recompensa
que saber que hemos cumplido
tu santa voluntad.

San Ignacio de Loyola (1491-1556)

Guíanos, enséñanos y danos fuerza,
te lo pedimos, Señor,
hasta que lleguemos a ser como Tú quieres:
puros, amables, sinceros, desprendidos,
atentos, generosos, laboriosos, piadosos y serviciales,
para tu honor y gloria.

Basado en Charles Kingsley (1819-1875)

Virgencita de todos los niños,
que estás en el cielo
rogando por mí,
si algún día tu hijito no es bueno
cógelo en tus brazos y acurrúcalo.

 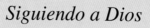
Oh, Señor, no permitas que nuestra vida sea inútil, por el amor de Cristo.

John Wesley (1703-1788)

Señor, que tu espíritu
sea más cercano que mi aliento,
más cercano que cualquier
parte de mi cuerpo.
Quiero que vivas en mi corazón.

Día tras día, mi Señor,
te voy a pedir tres cosas:
verte más claramente,
amarte más tiernamente
y seguirte más fielmente.
Día tras día, Señor.

San Ricardo de Chichester (1197-1253)

Con Jesús cada día
es un día especial.
Jesús, te seguiré siempre,
hasta el final.

231

Cada día te doy las gracias, Señor,
porque estoy contento de vivir.
Y quiero contagiar la alegría
que me da conocerte a Ti.

Padre, ayúdame a ver el mundo
como Tú lo ves;
ayúdame a vivir en el mundo como Tú lo harías;
ayúdame a preocuparme por los problemas
del mundo;
ayúdame a poner de mi parte para
que el mundo sea mejor.

Señor,
Tú que eres el Maestro,
dame curiosidad para preguntar.

Dame constancia para aprender,
dame claridad para distinguir
lo que es de verdad importante
para vivir.

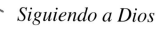

Dios, nuestro Padre y creador del mundo,
ayúdanos a querernos entre nosotros.
Que todos los países sean amigos y todos
nos queramos como hermanos.
Ayúdanos a poner de nuestra parte para hacer
que la paz reine en el mundo y la gente sea feliz.

Oración japonesa

236

*J*esusito de mi vida,
cuando ayer me fui a la cama
te pedí que me ayudaras
a no ser tan protestón.

Hoy durante todo el día
lo he intentado y más o menos
ha funcionado.
¡Qué alegría!

 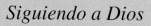

Querido Dios,
me encanta jugar
y hablar con mis amigos,
pero recoger la habitación
me cuesta un montón.

Te ofrezco
todas las flores del mundo,
y los pájaros del mundo,
y los vientos del mundo,
buen Dios.

Te ofrezco
toda la nieve caída,
y cada primavera huida,
nuestras penas y alegrías,
¡mi amor!

Oración irlandesa

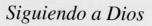

Querido Dios,
cuando me sienta un don nadie,
por favor, recuérdame
que para Ti soy alguien.

Querido Dios,
te pido no ser tan vaga,
que me sepa comportar,
y que de una forma u otra
siempre ayude a mis papás.

 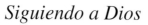
¡Señor, que en mi corazón canten siempre los ángeles!

John Keble (1792-1866)

*Q*ue esté tan en calma mi corazón,
cuando me entrego a la oración,
que oiga la niebla resquebrarse
y sus jirones en el cielo elevarse.

Utsonomya San, Japón

Señor, haz de mí un instrumento de tu paz.
Que donde haya odio, ponga yo amor,
que donde haya ofensa, ponga perdón,
donde, discordia, unión, donde haya error, ponga
verdad, donde haya duda, ponga fe, donde haya
desesperación, ponga esperanza, donde haya tinieblas,
ponga tu luz, donde haya tristeza, ponga tu alegría.
Maestro, que no me empeñe tanto en ser consolado
como en consolar; en ser comprendido
como en comprender; en ser amado como en amar;
porque dando, se recibe; olvidando, se encuentra;
perdonando, se es perdonado.

San Francisco de Asís (1182-1226)

Querido Dios, me encantan los secretos.
Ayúdame a saber cuándo debo guardar
un secreto y cuándo debería contarlo.
Y ayúdame a comprender la diferencia
entre ambos.

Mueve nuestros corazones con la calmada, suave cadencia de tu gracia. Que el río de tu amor fluya por nuestras almas. Que mi alma sea arrastrada por la corriente de tu amor hacia el vasto e infinito océano del Cielo.

Gilberto de Hoyland (siglo XII)

Aquí estoy, mirándote.
Ayúdame a no apartarme
nunca de tu lado.

 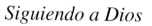
𝒥esús,
haz que siempre siga tu camino,
(señala los pies)

en todo lo que hago
(abre los brazos)

y todo lo que digo.
(ponte el dedo en los labios)
Amén.

Oh, santo Padre, lleno de gracia,
danos sabiduría para percibirte, inteligencia
para entenderte, diligencia para buscarte,
paciencia para esperarte, ojos
para contemplarte,
un corazón para meditar sobre Ti y una vida
para proclamarte, por la fuerza del Espíritu
de Cristo, nuestro Señor.

San Benito de Nursia (480-543)

 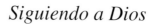

Enséñame a hacer lo correcto;
perdóname si peco algún día.
Y que mi deseo predilecto
sea servirte de por vida.

Basado en Jane Taylor (1783-1824)

Señor, que no cierre los oídos
si alguien está triste,
que no me cruce de brazos
cuando alguien me necesite.

Enséñanos a fijar nuestro pensamiento en Ti, con amor y reverencia, para que nuestras oraciones no sean vanas, sino por Ti aceptadas, ahora y siempre; por Cristo, nuestro Señor.

Jane Austen (1775-1817)

Querido Dios, gracias por mis buenos amigos.
Gracias por cómo me escuchan, cómo comprenden
lo que necesito e intentan ayudarme.
Ayúdame a ser una buena amiga para ellos,
escuchándolos, atendiendo a lo que me cuentan
y estando ahí siempre que me necesiten.

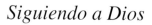 
Dame palabras para consolar,
que a mi amigo sepa abrazar
y sus lágrimas pueda secar.

Aparta de mí toda tentación y peligro,
arrópame en este mar de inmoralidad;
y en los pasos más angostos y estrechos,
guarda mi barca, guárdala siempre.

Del libro Carmina Gadelica

Querido Dios, hoy el día empezó mal
y fue a peor, como cuando no me sale un dibujo.
Quisiera llevarte este dibujo para que lo borraras
y me dieras una hoja de papel limpia para mañana.

A veces me porto bien,
otras veces soy un trasto,
unos días soy feliz
y otros no tanto.

Yo intento portarme bien,
pero a cada rato caigo,
y es que ser bueno es difícil...
Si me ayudas, me levanto.

Querido Dios,
no hay para mí cosa más bella
que contemplar las estrellas.
Ya es hora de irse a la cama.
Dame esta noche
un bonito sueño
y ayúdame mañana
a volver a ser bueno.

258

Oh, Dios, así como sois Padre,
también sois Madre.
Os damos gracias, Dios, Padre nuestro,
por vuestra fuerza y bondad. Os damos
gracias, Dios, Madre nuestra,
por vuestros cuidados cercanos.
Oh, Dios, os damos gracias por el amor
tan inmenso que nos profesáis a todos.

Juliana de Norwich (1343-1413)

Dios mío, ayúdanos a no despreciar ni resistirnos a aquello que no entendemos.

William Penn (1644-1718)

Ayúdame a saber
qué está bien y qué está mal;
ayúdame a hacer el bien
con todo mi potencial.

Muchas cosas
han pasado hoy;
por todo lo bueno
gracias te doy.
He jugado, he comido,
he cantado, he reído.
Y por las faltas
que haya cometido
perdóname, Dios,
estoy arrepentido.

Cuando esté triste,
dame algo que hacer
por otra persona
que esté triste también.

 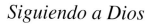 
Cuando me siento pequeña y sola,
sé que no es verdad.
Porque Tú, Dios mío, estás ahí,
y eso da seguridad.

Alabemos al Señor,
al que nos bendijo,
dándonos por Salvador
en Belén a su Hijo.

Vino al mundo en humildad,
el Señor glorioso,
y nos dio por su bondad
paz celeste y gozo.

Martin Rinkart (1586-1649)

BUENOS DÍAS

Padre nuestro
que estás en el Cielo,
santificado sea tu nombre,
venga a nosotros tu Reino
hágase tu voluntad en la tierra
como en el cielo.
Danos hoy nuestro pan de cada día.
Perdona nuestras ofensas
como también nosotros perdonamos
a los que nos ofenden.
No nos dejes caer en la tentación
y líbranos del mal.
Amén.

La oración que Jesús enseñó a sus amigos

$\mathcal{P}$adre, por otra noche
de reposo y sueño tranquilo;
por el gozo del amanecer,
vuestro nombre bendigo.

Basado en Henry William Baker (1821-1877)

En la paz de la mañana,
quédate quieta y siente que Dios está cerca.

Adaptado del salmo 46

Algo no anda bien esta mañana,
no quiero salir de la cama.
Querido Dios, te necesito,
porque no tengo humor ni apetito.

Y es que, aunque el día está gris,
una nueva jornada empieza,
en la que puedo ser feliz
y olvidar mi tristeza.

Allá donde vaya, y haga lo que haga, sé que estarás conmigo en este día, Señor.

Señor, quédate con nosotros en este día.
En nuestro interior, para purificarnos;
sobre nosotros, para levantarnos;
a nuestro lado, para sostenernos;
delante, para guiarnos;
detrás, para contenernos;
a nuestro alrededor, para protegernos.

San Patricio (389-461)

¡Buenos días, buenos días!
Que tengas un buen día
y que Dios te bendiga.

Todo lo que vemos se regocija en la luz del sol,
todo lo que oímos se alegra en primavera:
Dios mío, haznos capaces
de apreciar nuestra especie
y alabarla siempre por lo que se tercie.

Basado en Christina Rossetti (1830-1894)

$\mathcal{M}$e levanto hoy
con el poder del cielo,
con la luz del sol,
con la blancura de la nieve,
con el resplandor del fuego,
con la velocidad del rayo,
con la agilidad del viento,
con la firmeza de la roca.
Me levanto hoy
de la mano de Dios.

Oración irlandesa (siglo VIII)

Cristo conmigo, Cristo ante mí,
Cristo detrás de mí, Cristo en mí, Cristo debajo de
mí, Cristo sobre mí, Cristo a mi derecha,
Cristo a mi izquierda, Cristo cuando me
acuesto, Cristo cuando me levanto,
Cristo en el corazón de todo hombre
que piensa en mí, Cristo en la boca de todo hombre
que habla de mí, Cristo en todo ojo que me ve,
Cristo en todo oído que me escucha.

San Patricio (389-461)

Éste es el día que hizo el Señor: alegrémonos y regocijémonos en él.

Del salmo 118:24

Al amanecer, el gallo canta airoso;
parece decir: «¡Hola, mundo maravilloso!».
Al despertarme, agradezco al Señor
que el día que empiece con tanto primor.

Qué suerte, tener un corazón sin puertas;
qué suerte, tener las manos abiertas.
Manos abiertas para luchar en el camino;
manos abiertas para tomar las de un amigo.
Qué suerte, tener un corazón sin puertas;
qué suerte, tener las manos abiertas.
Manos abiertas para buscar un mundo nuevo,
manos abiertas para lograr un sueño.

Tradicional

Oh, mi Señor, enciende
una vela en mi corazón
para que pueda verlo por dentro
y barrer la suciedad
de tu morada.

Oración africana

¿**P**uedo ver la aflicción de otro
y no entristecerme también?
¿Puedo pasar por su lado
sin llegarme a detener?

Basado en William Blake (1757-1827)

¡**O**jalá sean de tu agrado
las palabras de mi boca,
y lleguen hasta ti mis pensamientos,
Señor, mi Roca y mi Redentor!

Del salmo 19

Entra en mi alma, Señor,
cuando el alba quiebre la noche;
que tu sol ilumine mi corazón
en cada nuevo día.

Tradicional

Ya está aquí, ya la mañana brilla,
ya está rompiendo el día.
Ya la fría noche se retira,
es hora de loar a nuestro guía.

¡Oh, Dios todopoderoso, Señor santo!
Que al amanecer elevemos a Ti nuestro canto.

Basado en el Herbert (1782-1826)

Dios mío, que has recogido el manto de la noche
para cubrirnos con la dorada gloria del día,
limpia nuestros corazones de toda tristeza
y alégranos con la luz de la esperanza.

De un libro de oraciones anglicanas

Querido Dios, empieza un nuevo día.
Haz que aprenda de mis errores de ayer
para que hoy no los vuelva a cometer.

$\mathcal{M}$e he lavado
la cara y los dientes,
y me he peinado.
Así que ya estoy listo,
Señor, para empezar
el día a tu lado.

Hoy tendré un buen día gracias a la fuerza de Dios que me conduce, al poder de Dios que me sostiene, a la sabiduría de Dios que me guía, a la mirada de Dios que me vigila, al oído de Dios que me escucha, a la palabra de Dios que habla por mí, a la mano de Dios que me guarda, al sendero de Dios tendido frente a mí, al escudo de Dios que me protege, a las legiones de Dios para salvarme.

San Patricio (389-461)

Querido Dios, bendice
a la gente que veo
en la calle y en el parque.
Querido Dios, bendíceme
en este día tan bello.
Y a ellos, de mi parte.

Oh, Señor, sabes lo ocupado que estaré en este día;
si me olvido de Ti, no te olvides Tú de mí.

Jacob Astley (antes de la batalla de Edgehill, 1642)

Querido Dios, hoy será un día duro,
con mucho que hacer y poco tiempo libre.
Ayúdame a no angustiarme
y a hacer todas las cosas a su debido tiempo.
Ayúdame a saber que estás conmigo,
cuando las tareas me impidan pensar en Ti.

Danos la gracia, buen Señor, de trabajar por todas
esas cosas por las que rezamos;
por Cristo, nuestro Señor.

Santo Tomás Moro (1478-1535)

Cantad todos al Señor,
cantad al amor, cantad,
alabando siempre a Dios,
confiando en su bondad.

Aleluya cubano

Querido Dios, hoy es lunes.
Ayúdame a empezar bien la semana.

Querido Dios, hoy es martes;
aún queda mucha semana por delante.
Acompáñame, por favor, porque quiero
que sea una buena semana.

Querido Dios, hoy ya es miércoles;
nos queda media semana.
Por favor, bendice a toda la gente
que hoy me encuentre.

Querido Dios, gracias por el jueves; he empezado bien la semana. Por favor, ayúdame con los días que quedan.

Querido Dios, hoy es viernes;
¡ya llega el fin de semana! Es hora
de mirar atrás y darte las gracias por
haber estado a mi lado toda la semana.

Querido Dios, hoy es sábado, ¡hurra!
Tanto que hacer y tan poco tiempo...
Por favor, bendice hoy a todos mis amigos.

Querido Dios, hoy es domingo, tu día.
Día feliz, día santo. Gracias por toda
la semana. Por favor, ayúdame a
disfrutar de la próxima contigo.

Domingo, día de descanso,
domingo, día de oración,
domingo, día divertido y colorido,
día de recreo y de reunión.

Cuando Dios terminó de crear el mundo,
se tomó un respiro, puso los pies en alto
y exclamó: «¡Qué bien!».
Querido Dios, gracias por este domingo.
Ayúdanos a descansar y jugar, celebrar
y exclamar: «¡Qué bien!».

Esto es una iglesia

(entrelaza los dedos)

y esto el campanario.

(junta los índices)

Abrimos las puertas

(gira las manos)

y ahí están los cristianos.

(mueve los dedos)

Tradicional

Que Dios bendiga a los novios
cada día del mundo.
Que bendiga su hogar, su matrimonio,
y toda su vida juntos.

Querido bebé, te damos
la bienvenida a la familia de Dios,
la Iglesia.

Siempre estaremos a tu lado,
como hermanos tuyos
e hijos de Dios.

Jesús, gracias por crearme.
Gracias por amarme y por animarme
a seguir tus pasos.
En este acto de confirmación, me entrego de nuevo
a Ti con alegría y amor.
Ayúdame a vivir por Ti y por los demás
con la ayuda del Espíritu Santo,
hoy y siempre.

Señor, sabes que hoy estamos tristes
porque una persona a la que queríamos mucho
ha muerto. Hoy es el día en que le decimos adiós
y la dejamos a tu cuidado. Haznos saber
que contigo está en paz y que algún día
volveremos a verla en el Cielo.

Hoy es mi cumpleaños y voy a soplar las velas,
la tarta está preparada y mis amigos esperan.
Voy a pedir un deseo y ¿sabes cuál es, Señor?:
que siempre vayas conmigo,
que estés en mi corazón.

Estamos de vacaciones. ¡Qué divertido!
No importa que llueva o que haga sol,
porque estar juntos es genial.
Gracias, Dios,
por lo bien que nos lo vamos a pasar.

Querido Dios,
hoy se me ha caído un diente,
pero no he llorado: he sido muy valiente.
Me estoy haciendo mayor,
ayúdame a ser cada día mejor.

Ya hemos guardado las cosas,
un camión las va a llevar
a nuestra casa nueva:
hoy nos vamos a mudar.
Mis padres están nerviosos,
los cambios les sientan mal.

Danos un viaje tranquilo,
prudencia y serenidad.
Y bendice nuestra casa,
que será también Tu hogar.

Ven, Jesús, tan esperado,
que naciste para liberar a tu pueblo;
líbranos de temores y pecados
para que hallemos la paz en tu seno.

Basado en Charles Wesley (1707-1788)

En un pesebre de heno como lecho,
el niño Jesús duerme satisfecho.
Las estrellas del cielo contemplan su cara,
mientras Jesusito duerme en su cama.

Ven conmigo, Jesús: te ruego que te quedes,
que estés a mi lado, me ames y me veles.
Bendice a los niños con tu ternura,
y haz que seamos dignos de gran ventura.

Tradicional

Que en esta Navidad no haya tristeza,
que reine la paz y se borre la pena.
Que sepamos aceptar las dificultades
y tengamos fuerza para salir de ellas.
Que los necesitados celebren la Navidad,
como nosotros, con alegría y felicidad.

El amor llegó en Navidad;
el amor todopoderoso y divino.
El amor nació en Navidad;
un ángel a decírnoslo vino.

Christina Rossetti (1830-1894)

*J*esús, cuando naciste,
unos hombres sabios
te regalaron oro, incienso y mirra.
Eran la señal de que ibas a ser
rey, profeta y salvador.

Gracias por los regalos
que nos damos en Navidad;
que sean siempre en señal de amor.

Querido Dios, estamos a las puertas
de un nuevo año a tu lado.
Ayúdame a cogerte de la mano
para recorrerlo sin reparo,
confiando en que
estarás siempre conmigo,
en todo lo que pienso,
hago y digo.

Es hora de deshacernos de algunas cosas;
así tomamos conciencia de todo lo bueno
que tenemos.
Es hora de recibir otras cosas;
así recordamos
que también debemos dar algo a los demás.

Ésta es la última crepe
que vamos a tomar,
pues estos días, me dicen,
toca reflexionar.
Esperaré paciente
la Pascua para cantar:
¡aleluya!

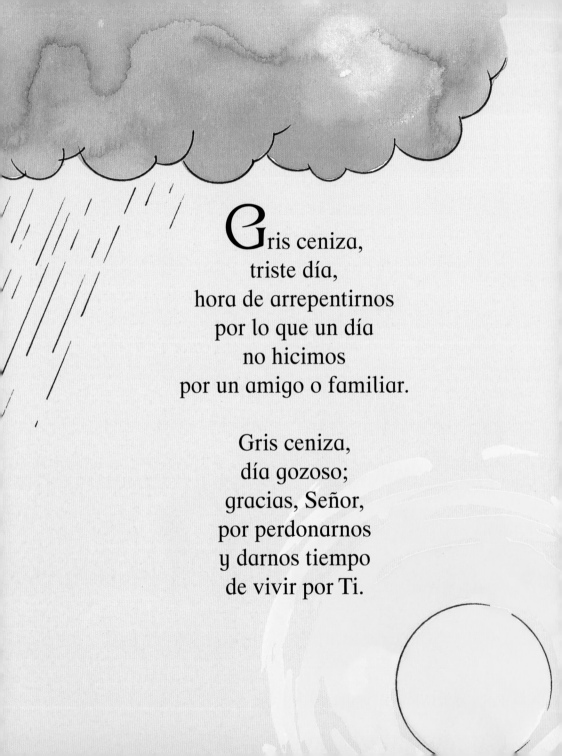

Gris ceniza,
triste día,
hora de arrepentirnos
por lo que un día
no hicimos
por un amigo o familiar.

Gris ceniza,
día gozoso;
gracias, Señor,
por perdonarnos
y darnos tiempo
de vivir por Ti.

*J*esús, nuestro Señor, gracias por
la cena tan especial que compartiste con
tus amigos antes de morir en la cruz.
Tomaste el pan y dijiste que era tu cuerpo;
tomaste el vino y era tu sangre,
y los invitaste a compartirlo todo contigo.
Gracias por hacer que podamos compartir la misma
comida tantos años después, y convertirnos así
en tus amigos.

Jesús, todos te creían muerto,
te bajaron de la cruz,
te lloraron en silencio,
y apagaron la luz, tan tristes,
cuánto sufrimiento.

Pero pasaron tres días
y retornó la alegría,
habías resucitado,
habías vuelto a la vida.
Por eso la Pascua es alegre:
Jesús a la muerte vence.

Jesús, Tú que moriste por mí,
ayúdame a vivir por Ti.

Espíritu Santo, escúchame,
amigo, allá en las alturas;
quédate siempre a mi lado,
pon en mi corazón ternura.

Dios Padre, bendícenos;
Dios Hijo, defiéndenos;
Espíritu Santo, vigílanos
ahora y siempre.

Bendición celta

 325

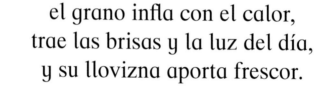

Cultivamos el campo y esparcimos
las buenas semillas en la tierra,
pero la mano todopoderosa de Dios
la simiente alimenta y riega:
la nieve en invierno envía,
el grano infla con el calor,
trae las brisas y la luz del día,
y su llovizna aporta frescor.

Todo lo bueno que nos rodea
del Cielo nos fue mandado.
Demos gracias al Señor,
oh, gracias al Señor,
por el amor demostrado.

Matthias Claudius (1740-1815)

Tú coronas el año con tus bienes,
y a tu paso rebosa la abundancia;
rebosan los pastos del desierto
y las colinas se llenan de alegría.

Las praderas se cubren de rebaños
y los valles se revisten de trigo:
todos ellos aclaman y cantan.

Del salmo 65

Por Halloween,
cuando los fantasmas vuelan
y los espíritus surcan los cielos;
cuando los niños corren
asustando por las calles
a cambio de caramelos;
Señor, protégenos de cualquier daño
ya sea real o terrible engaño.
Y haz que a tu lado
estemos a salvo,
¡y luego en casita cenando!

$\mathcal{P}$adre, recordamos a todos los santos
que hicieron grandes cosas por Ti y que ahora
están a salvo al abrigo de tu infinito amor. Ayúdanos
a seguir su ejemplo, a hacer algo por los demás,
y a reunirnos con ellos, y contigo, algún día
en el Cielo.

Dios te salve María, llena eres de gracia, el Señor es contigo.

Tradicional

Señor, ayúdame a decirle a mamá
todo lo que por ella siento;
porque hoy es su día
y mi amor por ella es inmenso.

331

Que Dios bendiga a mi papá,
tan alto y tan fuerte;
es el mejor del mundo,
tengo mucha suerte.
Por eso en el día del padre
le digo de corazón
que no cambie nunca
y que lo quiero
un montón.

Todos los niños del mundo son amigos,
así que seamos amables entre nosotros,
aprendamos la voluntad de Dios y portémonos
bien en este día.
Todos los niños del mundo son amigos.
Cantemos, pues, jubilosos y alabemos con
ímpetu a Dios todo el día.

Oración japonesa

Cada día es un día recién hecho,
como una hogaza de pan.
Tomémoslo, olámoslo, probémoslo y disfrutémoslo,
y demos gracias a quien lo preparó para nosotros.

Empieza cada día con frescura; como si el mundo entero fuera nuevo.

De una escuela amish

335

A DORMIR

Gracias por el día que acaba,
por las horas de silencio,
por esta cómoda cama,
porque te siento aquí dentro.
Ayúdame a descansar
porque mañana hay que
madrugar.

Mi niño, duerme tranquilo,
que tu mamá te protege.
Cierra los ojos, descansa,
todo mi calor te envuelve.
No llores, niño bonito,
no llores, mi tesorete,
no olvides que desde el cielo
también el Señor te mece.

Señor, cuando las luces se apagan
y las madres están dormidas,
vigila a los niños en su camita,
que las sombras los envuelven.

En la habitación a oscuras,
de algún modo haznos saber
que entre nosotros estás,
y que la mano nos tiendes.

Basado en Anne Matheson (1853-1924)

Dame, Señor, fuerzas
para llevar ligero
mis alegrías y penas.
Dame fuerzas para que mi amor
dé frutos útiles.
Dame fuerzas para levantar
mi pensamiento sobre
la pequeñez cotidiana.

Rabindranath Tagore (1861-1941))

Jesús, mi salvador,
elimina de hoy lo peor.
Y ayúdame a ser bueno
y gentil, como tu Señor.

Basado en Frances Ridley Havergal (1836-1879)

Jesús, mi pastor, escúchame:
bendice a esta ovejita para que duerma.
En la oscuridad, por favor, cuídame,
hasta que el Sol de la mañana vuelva.

Basado en Mary Lundie Duncan (1814-1840)

Tengo en casa a mi mamá,
pero mis mamás son dos,
en el Cielo está la Virgen,
que es también mamá de Dios.
Las dos me quieren a mí,
las dos me entregan su amor,
a las dos busco y las llamo,
a las dos las quiero yo.

Tradicional

Cuando llamo a mi mamá,
ella viene sin tardar;
mi mamá del Cielo viene
si me acuerdo de rezar.

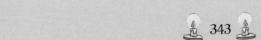

A dormir

Que Dios bendiga este hogar,
desde el suelo hasta el techo.
Cuatro ángeles guardan mi lecho,
y los doce apóstoles, el portal.
Gabriel en el cabezal,
Juan y Pedro a los pies;
y todos velan mi sueño.

Tradicional

Dios Padre, cuando el sol se pone
y me pongo el pijama, los niños
de otras partes del mundo se están despertando.
Al igual que estás conmigo durante la noche,
por favor, acompáñalos en su día.

Ángel de mi guarda,
dulce compañía,
no me desampares
ni de noche ni de día.
Si no estás conmigo,
¿qué será de mí?

Ángel de mi guarda,
ruega a Dios por mí.
Ven siempre a mi lado,
tu mano en la mía,
Ángel de mi guarda,
dulce compañía.

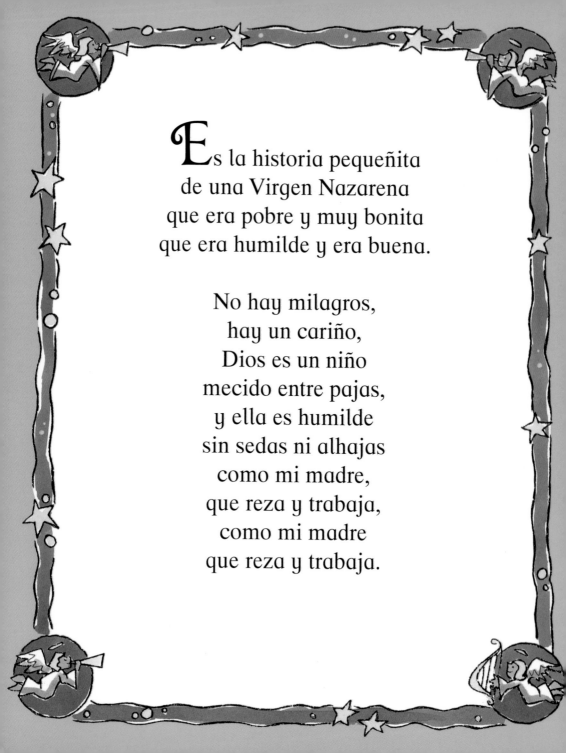

Es la historia pequeñita
de una Virgen Nazarena
que era pobre y muy bonita
que era humilde y era buena.

No hay milagros,
hay un cariño,
Dios es un niño
mecido entre pajas,
y ella es humilde
sin sedas ni alhajas
como mi madre,
que reza y trabaja,
como mi madre
que reza y trabaja.

Nos hiciste, Señor, para Ti,
y nuestro corazón
estará insatisfecho
hasta que descanse en Ti.

San Agustín (354-430)

𝓜e acuesto en paz
y en seguida me duermo,
porque tú, Señor, aseguras
mi sueño.

Del salmo 4

Gracias, Dios mío,
por este hermoso día,
por el Sol y la lluvia,
por el trabajo y el juego;
por mis amigos y toda mi familia,
y por tu amor,
que nunca termina.

Nadie fue ayer,
ni va hoy, ni irá mañana
hacia Dios
por el mismo camino
que yo voy.
Para cada hombre guarda
un rayo nuevo de luz el sol…
y un camino virgen
Dios.

León Felipe (1884-1968)

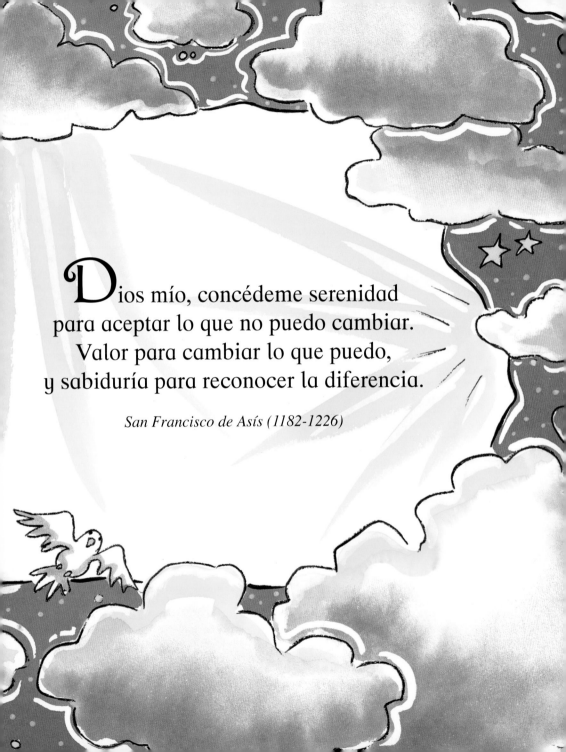

Dios mío, concédeme serenidad
para aceptar lo que no puedo cambiar.
Valor para cambiar lo que puedo,
y sabiduría para reconocer la diferencia.

San Francisco de Asís (1182-1226)

Yo miro la luna
y la luna me ve a mí.
Dios bendiga la luna
y me bendiga a mí.

Anónimo

Si lloras porque se ha puesto el sol,
las lágrimas te impedirán
ver las estrellas.

Rabindranath Tagore
(1861-1941)

Gracias, Señor,
porque en casa de mi amiga esta noche voy a pasar.
Nos vamos a reír, podremos jugar,
darnos abrazos y cosas contar.
Dios, me gusta mucho todo lo que has creado,
pero los buenos amigos es lo mejor que me has dado.

Cuando me quedo en su casa,
mi abuela me llama «rey»,
me cuenta muchas historias
y lo pasamos muy bien.

Cuando me voy a la cama
me suele recordar
que no debo dormirme
sin antes rezar.

Que Dios
bendiga a papá,
que Dios bendiga
a mamá, que Dios
me bendiga a mí
y a los demás.

Padre, gracias por el día de hoy;
ha habido cosas buenas que me gustaría
recordar, pero también otras malas que
querría olvidar.
Perdóname por lo que he hecho mal
y ayúdame a portarme mejor mañana.
Gracias por todas las cosas buenas y gracias
por acompañarme en todo.

Dios mío, bendice a
todo el mundo esta noche.
Guárdanos y guíanos,
y ayúdanos a amarnos
para que tu mundo sea un lugar
feliz y apacible para todos.

$\mathcal{J}$unto a Ti, al caer de la tarde,
cansados de nuestra labor,
te ofrecemos todos los hombres
el trabajo, el descanso y el amor.
Con la noche las sombras nos cercan
y regresa la alondra a su hogar;
nuestro hogar son tus manos, ¡oh Padre!,
y tu amor nuestro nido será.

Mu, mu, mu, duérmete tú,
la mula y el buey
calientan al Rey;

mu, mu, mu, duérmete tú,
estrella de Oriente
que alumbra a la gente;
mu, mu, mu, duérmete tú.

Atiende a los enfermos, oh Señor
Jesucristo; da reposo a los cansados;
bendice a los fallecidos;
alivia a los que sufren;
ten piedad de los afligidos;
protege a los dichosos;
y a todos por tu amor.

San Agustín (354-430)

$\mathcal{H}$az que nos amemos más y más unos a otros cada día
como Dios nos ama a cada uno de nosotros
y que nos perdonemos mutuamente nuestras faltas.
Ayúdanos, oh Padre amado, a recibir todo lo que nos das
y a dar todo lo que quieres recibir con una gran sonrisa.

Madre Teresa de Calcuta (354-430)

Padre, me pongo en tus manos,
haz de mí lo que quieras,
sea lo que sea, te doy las gracias.

Carlos de Foucauld (1858-1916))

Señor, te pido
que veles mi sueño,
que estés a mi lado
mientras yo duermo.
Dios, oye la oración de este niño
que te ama,
que pueda dormir tranquilo
desde hoy hasta mañana.

A solas contigo, Dios mío,
recorro mi camino.
¿Qué temer, si estás cerca
oh, Rey de lo divino?
En tus manos estoy más a salvo
que con un ejército a mi mando.

Basado en San Columba (521-597)

Oh, Señor, serena mi corazón,
que me contente con tu misericordia
en este día y confíe en tu protección esta noche;
y habiendo perdonado a otros, como Tú
me perdonas a mí,
dame un plácido descanso, por Cristo, nuestro Señor.

San Francisco de Asís (1181-1226)

La paz de las rompientes olas sea contigo,
la profunda paz del inquieto aire sea contigo,
la profunda paz de la dormida tierra sea contigo,
la profunda paz de las relucientes estrellas sea contigo,
la profunda paz de la oscura noche sea contigo.
Que la luna y las estrellas siempre iluminen tu camino;
que la profunda paz de Cristo, Hijo de la Paz, sea contigo.

Bendición gaélica tradicional

Dios mío, que la gloria sea contigo
esta noche,
porque me bendices con tu luz, sin reproche;
guárdame, oh rey de reyes, guárdame,
y con tus alas todopoderosas arrópame.

Jehová es mi pastor; nada me faltará.
En lugares de delicados pastos me hará descansar.

Del salmo 23

Para que mi corazón esté tranquilo, dejadme rezar,
para que mi corazón esté tranquilo, rezo hoy
para que mi corazón esté tranquilo, dejadme rezar;
dejadme rezar hasta que el día esté por terminar.

Tradicional

Que la gracia de nuestro Señor
Jesucristo,
el amor de Dios y la fraternidad
del Espíritu Santo sean con nosotros
para siempre jamás.

Bendición tradicional

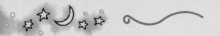

A dormir

Hora de dormir.
Me lavo los dientes,
me pongo el pijama,
preparo la ropa
para mañana,
pero…

no consigo dormir,
ojeo mi libro,
doy vueltas en la cama,
pienso en lo cansado
que estaré mañana,
y entonces…

mi abuelo me ha dicho
que si no me duermo
rece una oración:
a todos los niños
del mundo,
dales, Señor,
tu bendición,
y…

creo que ya me duermo,
noto que me llega el sueño,
buenas noches,
por fin hacer puedo
un último bostezo.
Zzzz

Índice de oraciones